技工院校商贸类通用教材

中等职业学校商贸类通用教材

企业管理基础（第二版）习题册

曹卫国　主编

中国劳动社会保障出版社

简介

本书是《企业管理基础（第二版）》的配套习题册。本书题型设计多样，包括名词解释、填空题、单项选择题、判断题、简答题、连线题、填表题、案例分析题、实践题等，力求充分体现教材的重点和难点，反映实际工作中将接触的具体问题，使学生能够掌握有关知识和原理，并具有解决实际问题的能力。

本书由曹卫国任主编，张蓉华任副主编，于超、康颖、刘佳晋参加编写。

图书在版编目（CIP）数据

企业管理基础（第二版）习题册 / 曹卫国主编．
北京：中国劳动社会保障出版社，2025. --（技工院校商贸类通用教材）（中等职业学校商贸类通用教材）.
ISBN 978-7-5167-6811-2

Ⅰ. F272-44

中国国家版本馆 CIP 数据核字第 202523U0U3 号

企业管理基础（第二版）习题册
QIYE GUANLI JICHU（DI-ER BAN）XITICE

中国劳动社会保障出版社出版发行
（北京市惠新东街 1 号　邮政编码：100029）

*

北京鑫海金澳胶印有限公司印刷装订　　新华书店经销

787 毫米 ×1092 毫米　16 开本　2.5 印张　50 千字
2025 年 6 月第 1 版　　2025 年 6 月第 1 次印刷
定价：5.00 元

营销中心电话：400-606-6496
出版社网址：https://www.class.com.cn
https://jg.class.com.cn

目　　录

第一章　企业管理概述

一、名词解释

1. 企业

2. 企业管理

3. 现代企业制度

二、填空题

1. 现代企业的主要特征包括经济性、营利性、________、社会性和法定性。

2. 公司合并分为吸收合并（兼并）和________两种形式。

3. 公司终止的原因主要包括________和解散。

4. 企业管理的首要职能是________。

5. 现代企业制度的基本特征包括产权清晰、权责明确、________和管理科学。

6. 现代企业制度中的法人治理结构通常分为三个层次，分别是________、董事会和监事会、经理层。

7. 有限责任公司的股东人数限制为______个以下。

8. 有限责任公司的注册资本是在公司登记机关登记的全体股东________的出资额。

三、单项选择题

1. 股份有限公司与有限责任公司的主要区别在于（　　）。

A. 股东数量限制不同　　B. 是否具有法人资格

C. 是否能发行股票　　D. 股东是否承担无限连带责任

2. 下列企业类型中，全体股东就公司债务对公司债权人承担无限连带责任的是（　　）。

A. 有限责任公司　　B. 股份有限公司

C. 国有独资企业　　D. 无限责任公司

3. 下列选项中，不属于企业管理基本职能的是（　　）。

A. 计划　　B. 组织　　C. 领导　　D. 销售

4. 现代企业法人治理结构的核心是（　　）。

A. 股东会　　B. 董事会　　C. 监事会　　D. 经理层

5. 下列选项中，不属于现代企业制度基本特征的是（　　）。

A. 产权清晰　　B. 权责明确　　C. 政企合一　　D. 管理科学

6. 有限责任公司的股东以其（　　）为限对公司承担责任。

A. 个人财产　　B. 出资额　　C. 认缴资本　　D. 公司债务

7. 有限责任公司中，负责执行董事会决议及日常经营事务管理的机构是（　　）。

A. 股东会　　B. 董事会　　C. 监事会　　D. 经理层

8. 股份有限公司的（　　）负责监督公司的经营活动。

A. 股东大会　　B. 董事会　　C. 监事会　　D. 经理层

9. 下列关于有限责任公司的说法中，错误的是（　　）。

A. 有限责任公司的股东人数有限制

B. 有限责任公司的股东可以是自然人或法人

C. 有限责任公司的出资证明可以在证券市场上买卖

D. 有限责任公司的股东转让股权须经法定程序

四、判断题

1. 合伙企业中的每个合伙人都需要承担全部经营责任，并可能承担无限连带责任。（　　）

2. 有限责任公司的股东数量没有上限，而股份有限公司的股东数量有上限。（　　）

3. 公司分立后，原公司的法人资格必然消灭。（　　）

4. 企业设立必须符合《中华人民共和国民法典》和《中华人民共和国公司法》等法律法规的规定。（　　）

5. 企业管理中，组织工作的任务是明确企业人员的职责与分工协作关系，以确保企业目标的顺利实现。（　　）

6. 产权清晰要求企业的出资者必须明确，且企业拥有包括出资者投资在内的全部法人财产权。（ ）

7. 在现代企业产权制度下，出资人可以直接干预企业的日常经营活动。（ ）

8. 按财产组织形式和法律责任承担方式不同，企业可划分为独资企业、合伙企业和国有企业。（ ）

9. 有限责任公司的股东转让股权时无须经过其他股东同意，可以自由转让。（ ）

10. 股份有限公司的股东只能以财产出资，不能以劳务或信用出资。（ ）

五、简答题

1. 简述公司制企业的主要类型及其特点。

2. 简述现代企业制度的基本特征。

3. 股份有限公司有哪三大机构？其各自的职责是什么？

六、案例分析题

A企业是一家拥有五十年历史的大型国有制造企业，长期以来专注于生产传统工业设备，为国家的工业化作出了重要贡献。然而，随着市场经济的快速发展和全球化竞争加剧，A企业逐渐出现诸多问题。例如：政企不分，管理体制僵化，决策效率低下；产权关系模糊，资源配置不合理；企业对市场变化反应迟钝，技术创新滞后，产品市场竞争力下降。

面对这些挑战，A 企业高层意识到必须进行改革，以适应新的市场环境，实现企业的转型升级。

在此背景下，A 企业积极响应国家关于深化国有企业改革的号召，决定实施现代企业制度改革。改革内容包括但不限于：明确界定国有资产所有权与企业法人财产权，引入职业经理人团队，优化公司治理结构；推进政企分开，减少政府对企业日常经营的直接干预；加强企业内部管理，引入先进的管理理念和技术手段，提高生产效率和产品质量；加大技术创新投入，研发符合市场需求的新产品，提升企业的核心竞争力。

1. 分析 A 企业实施现代企业制度改革所面临的主要挑战。

2. 结合案例，阐述 A 企业改革后可能发生的具体变化及其对企业长远发展的意义。

第二章　企业组织

一、名词解释

1. 企业组织设计

2. 锥形组织结构形态

3. 直线职能型企业组织结构

二、填空题

1. 企业组织工作总的目的是确保企业________、________、________的实施和实现。

2. 正式组织是为了实现一定的目标并按照一定的程序建立起来，且具有____________的组织。

3. 非正式组织主要以________和________作为联结纽带。

4. 组织的____________是指组织能够对外部环境的变化迅速地作出反应，合理高效地运用和配置组织资源，以获得组织的持续发展。

5. 企业组织设计的根本目的是有利于________、指挥和控制组织。

6. 企业组织设计的基本任务是提供组织结构系统图和编制________。

7. 企业组织设计的三个步骤是：职务设计与分析、部门划分、________。

8. 企业组织结构是指企业组织内各个部门的________、________、________以及各要素之间相互关系的一种联系模式。

9. 组织目标是进行组织结构设计的________。

三、单项选择题

1. 企业组织工作的直接目的是（　　）。

A. 确保企业战略的实施和实现

B. 建立精干、高效的组织机构，提高组织机构的效率

C. 通过组织设计，确定相应的组织结构和权责关系

D. 不断调整组织机构，确保组织机构适应企业战略

2. 自我管理型工作团队的管理方式相对（　　）。

A. 扁平化　　B. 复杂化

C. 标准化　　D. 以上都不对

3. 下列不属于企业组织设计原则的是（　　）。

A. 因事设职和因人设职相结合　　B. 权责对等

C. 统一指挥　　D. 集中管理

4. 根据管理幅度原则，（　　）的管理幅度应该较小。

A. 高层人员　　B. 基层人员

C. 日常重复性工作人员　　D. 技术性弱的工作人员

5. 企业组织设计的影响因素不包括（　　）。

A. 企业经营战略　　B. 组织环境

C. 技术水平　　D. 员工个人喜好

6. 根据组织发展阶段理论，组织发展的第一个阶段是（　　）阶段。

A. 职能扩展　　B. 分权

C. 创业　　D. 参谋职能激增

7. 组织结构设计需要正确处理的问题不包括（　　）。

A. 管理层次的划分　　B. 企业组织部门的设计

C. 职务的设计　　D. 员工的招聘

8.（　　）型组织结构仅适用于小规模的企业组织，如个人业主制企业、合伙制企业、创业初期的企业等。

A. 直线　　B. 职能

C. 事业部　　D. 多维立体

9. 权变组织结构设计的第一步是（　　）。

A. 明确组织活动目的　　B. 审查外部环境

C. 确认目的和手段　　D. 确认内部的主要环境因素

四、判断题

1. 企业组织工作的重点是管理体制。（ ）

2. 非正式组织是为了实现一定的目标并按照一定的程序建立起来的。（ ）

3. 精简与高效原则是企业组织设计的重要原则之一。（ ）

4. 个人与组织之间的关系应该建立在各取所需、平等交换的基础之上。（ ）

5. 企业组织设计的根本目的是保证组织目标的实现。（ ）

6. 在企业组织设计中，只需要考虑因事设职，不需要考虑因人设职。（ ）

7. 根据管理幅度原则，基层人员的管理幅度应该小于高层人员。（ ）

8. 事业部型企业组织结构是一种集权制的企业组织结构形式。（ ）

9. 矩阵型企业组织结构的优点是加强了各部门之间的协作，增强了企业组织的灵活性和协调性。（ ）

10. 权变组织结构理论认为世界上存在最好的组织结构。（ ）

五、简答题

1. 简述根据形成要素划分的企业组织的三种类型及其主要特点。

2. 简述权变组织结构设计的步骤。

3. 简述影响企业组织设计的主要因素。

4. 工作团队有哪两种主要类型？它们各有什么特点？

5. 简述组织结构设计的基本程序。

六、案例分析题

1. 某职业院校某班共有 50 名学生，有班长 1 名、班委 5 名。该班管理良好，综合成绩一直在学校名列前茅。后来，该班成立了篮球、足球和音乐三个兴趣小组。但是，三个兴趣小组的活动经常影响班级的管理，一些同学重视自己所在的兴趣小组，对班级的事情越来越不关心，这使得班主任和班长都感到很头疼。

该案例中，哪些是正式组织？哪些是非正式组织？假如你是班长，该如何处理案例中描述的问题？

2. 美的公司的事业部制始创于1997年，当时美的在市场中遭遇挫败，经营业绩大幅滑坡。这一阶段，美的和国内其他企业一样，实行直线式管理。对于所有的产品，美的总裁既抓销售又抓生产。在公司发展早期，这种直线式管理曾对公司发展起到了推动作用。

随着企业规模的扩大，美的的产品发展到空调、风扇、电饭煲等在内的五大类1 000多种产品。这些产品仍然由总部统一销售、统一生产。各个产品的特点迥异，而销售人员同时在区域中负责多项产品，总部各职能部门也是同时对应各个产品，这样在工作上容易造成专业性不够强、工作重点不明确等问题。当时的销售公司只负责产品销售业务，而集团则专门成立了广告公司负责市场推广，服务公司负责售后服务工作，产销计划则由经营管理部负责，这在很大程度上造成了研产销的脱节。

1997年1月，美的将空调业务从总体业务中分离，成立了空调事业部。7月，风扇事业部成立。后来，美的又将电饭煲业务划归风扇事业部。此后，美的将饮水机、微波炉和风扇、电饭煲事业部整合，组建了家庭电器事业部。到了2002年，家庭电器事业部下设电风扇、电饭煲、微波炉等6个分公司，年销量达到3 000万台，销售额由最初的不到10亿元上升至2002年的40多亿元。随着公司业务的发展，厨具、电动机、压缩机等事业部也纷纷成立。

美的各个事业部在集团统一领导下，拥有自己的产品和独立的市场，拥有很大的经营自主权，实行独立经营、独立核算。事业部制的建立使美的集团总部得以从日常琐事管理中脱身，将主要精力集中在总体战略决策、规模额度和投资额度控制、各事业部核心管理层任免以及市场的统一协调工作上。2001年，美的集团的销售收入突破140亿元，是1997年的4倍多。美的空调销量连续5年跻身国内市场前三名，牢牢占据着第一阵营的位置。美的压缩机、电动机、风扇、电饭煲、微波炉等产品也在国内占据很大市场份额。美的集团还正式分拆为两个集团公司（美的股份和威尚集团）和一个投资公司（美的技术投资公司），美的股份下设空调、家庭电器、厨具、电动机、压缩机和磁控管六大事业部。新设立的威尚集团下设9个公司，分别涉足电子、物流、家用电器、管理咨询、工业设计等领域。

2002年7月，美的将家庭电器事业部按产品一分为四，成立了风扇、饮水设备、微波炉和电饭煲事业部。分析者指出，在全球化背景下，随着美的小家电越做越大，其产品策略、分工不清晰及对市场反应速度不够快的缺点日益凸显，因此，美的的这次分拆就是要改革小家电的经营策略和经营模式，集中优势资源，按产品组建组织简单、反应迅速的事业部，实现研产销一体化。

请结合美的的案例，谈谈事业部型企业组织结构的特点。

第三章 生 产 管 理

一、名词解释

1. 生产管理

2. 生产过程组织

3. 流水线生产

4. 企业资源计划

二、填空题

1. 生产管理的目标是________、________、________、准时地生产合格产品或提供客户满意的服务。

2. 生产计划一般分为________、________和________三种。

3. 科学管理的创始人是________，其代表作是《科学管理原理》。

4. “6S”管理包括________、________、________、清洁、素养和安全。

5. “PDCA 循环”的四个阶段是________、________、________和处理。

6. 生产过程的时间组织是指加工对象在各生产单位之间的运动，在时间上互相配合和________。

7. 精益生产的核心思想是________。

8. 企业生产管理的三要素是________、________和交货期。

三、单项选择题

1. 广义的生产管理的核心是（　　）。

A. 质量管理　　B. 成本管理

C. 设备管理　　D. 生产计划管理

2. 某工厂在车间入口的走道边设置了生产绩效的展示橱窗，采用了透明玻璃管与不同颜色的填料来表示各个车间的绩效水平。这种管理工具是（　　）。

A. 标准化　　B. 目视管理

C. 看板管理　　D. 精益生产

3. 轧钢厂把钢材锻制成刀具，把不锈钢板压制成建筑用材。这种制造业生产类型属于（　　）。

A. 合成型　　B. 分解型　　C. 调制型　　D. 提取型

4. 企业资源计划属于（　　）。

A. 物料需求计划　　B. 生产管理计划

C. 企业管理方式　　D. 销售管理系统

5. 生产管理的任务不包括（　　）。

A. 保证产品质量　　B. 控制生产成本

C. 保证交货期　　D. 保持生产设备稳定

6. 下列选项中，不属于大量生产特点的是（　　）。

A. 产品品种多　　B. 产量大

C. 长期重复生产　　D. 专业化水平高

7. 下列属于生产现场管理工具的有（　　）。

A. 标准化　　B. 目视管理

C. 生产管理看板　　D. 精益生产

8. 单件生产的缺点包括（　　）。

A. 生产效率低　　B. 产品成本高

C. 市场不稳定　　D. 质量和交货期难以保证

四、判断题

1. 达到成本要求是指按照企业制订的产品成本计划，完成生产任务。（　）
2. 泰罗是流水线生产方式的创始人。（　）
3. “6S”管理中的“整顿”是指将整理之后留在现场的必要物品进行分类和标识。（　）
4. 企业资源计划只适用于制造企业。（　）
5. “PDCA 循环”的最后一个阶段是计划。（　）
6. 精益生产方式的核心思想是消除浪费。（　）
7. 在生产过程中，连续性、比例性、均衡性和平行性是相互联系、相互影响的。（　）
8. 流水生产的特征之一是各道工序按照同一节拍输送工件。（　）
9. 生产现场管理的目标之一是降低生产成本，提高经济效益。（　）
10. 全面质量管理只关注产品的最终质量。（　）

五、简答题

1. 简述生产管理的目标。

2. 简述“6S”管理的内容。

3. 简述有形产品的质量特性。

六、连线题

将以下左侧的名词与右侧对应的描述用直线连接起来。

生产管理	以质量为中心，全员参与，长期成功
精益生产	整理、整顿、清扫、清洁、素养、安全
“6S” 管理	提高质量，降低成本，满足市场需求
全面质量管理	持续改进，消除浪费，协力工作

七、填表题

生产计划类型	特点
综合计划	
主生产计划	
物料需求计划	

八、案例分析题

某汽车零部件制造企业位于一个工业园区的核心地带，占地面积约 5 万平方米，拥有员工 800 余人，主要生产汽车座椅、安全带及内饰件等部件。近年来，随着汽车市场竞争日益激烈，客户对产品的质量和交付速度要求越来越高。然而，该企业却面临着一系列挑战。例如：生产线上物料摆放混乱，导致作业时间浪费；设备维护不善，故障频发，影响生产效率；工作环境脏乱差，不仅有害员工健康，也影响了生产；员工纪律松散，缺乏团队协作精神。这些问题严重制约了该企业的发展，使得其在市场竞争中逐渐处于劣势。

管理层深刻认识到，要想改变现状，必须从根源上解决问题。经过多方考察和学习，他们决定引入“6S”管理制度，改善企业的生产环境和管理水平，提升员工的职业素养和工作效率，从而确保产品质量的稳定和提升，增强企业的市场竞争力。

请设计一套适用于该企业的“6S”管理实施计划。

第四章 物流管理

一、名词解释

1. 物流

2. 采购

3. 仓储

4. 配送

二、填空题

1. 企业的“第一利润源”是资源领域，“第二利润源”是人力资源，“第三利润源”是____________。

2. 物流管理是指为达到既定目标，从物流全过程出发，对相关物流活动进行的计划、__________、__________与控制。

3. 一份完整的采购合同主要分为__________、__________和结尾三个部分。

4. 采购管理的内容是__________、__________、采购评估与分析。

5. 仓储管理主要包括____________、在库管理和____________。

6. 配送业务流程包括备货、__________和送货。

7. 根据提供配送服务的主体不同，企业的配送模式一般分为自营配送模式、__________配送模式、__________配送模式、共同配送模式。

三、单项选择题

1. 通过招标的方式，邀请潜在供应商参与投标，并按照一定标准从所有投标者中选出中标供应商，并与之签订合同的采购方式是（　　）。

A. 比价采购　　B. 询价采购　　C. 招标采购　　D. 议价采购

2. 预先确定一个订货点和订货量，然后随时检查库存，当库存量下降到订货点时，就向有合作关系的供应商发出采购订单，每次的订货量都是预先约定好的，这种采购方式是（　　）采购。

A. 定期订货法　　B. MRP　　C. 定量订货法　　D. JIT

3. 企业根据需要，对供应商下达订货指令，供应商将指定品种和数量的商品按时送到指定的地点，即完成一次采购，这种采购方式是（　　）采购。

A. 定期订货法　　B. MRP　　C. 定量订货法　　D. JIT

4. 对各类商品的进、出、存等仓储业务和作业进行的计划、监督、控制与核算等活动的统称是（　　）。

A. 配送　　B. 仓储　　C. 采购　　D. 信息技术

5. 对仓库货位、货架按从大地址到小地址编号的方法是（　　）。

A. 四号定位法　　B. 分区分位法　　C. 商品编号法　　D. 三号定位法

6. 某仓库内存放计算机设备、精密仪器设备，则（　　）灭火器适合该仓库使用。

A. 二氧化碳　　B. 清水　　C. 干粉　　D. 泡沫

7. 企业物流配送的各个环节都由企业本身筹建、组织与管理，并由企业完成全部商品配送的模式是（　　）配送模式。

A. 供应商　　B. 第三方物流　　C. 自营　　D. 共同

8. 多家企业和供应商为实现整体物流配送合理化，以互惠互利为原则，共同出资建立配送中心，并共同经营管理，为所有出资企业提供统一配送服务，属于（　　）配送模式。

A. 供应商　　B. 第三方物流　　C. 自营　　D. 共同

9. 将长短一致、宽度排列能够与长度相等的商品一层横放、一层竖放，纵横交错堆码，形成方形垛的堆垛形式是（　　）式堆垛。

A. 重叠　　B. 仰伏相间　　C. 纵横交错　　D. 压缝

10. 将入库商品按照不同类别进行堆码的活动称为（　　）。

A. 盘点检查　　B. 品质维护　　C. 库位规划　　D. 分类堆码

四、判断题

1. 供应链管理是企业与各级供应商和分销商建立紧密的合作伙伴关系，共享信息，通力合作，形成跨企业供应链的商业流程。（　）

2. 采购方式是指采购主体获取资源或服务的途径、形式与方法。（　）

3. 采购合同是指采购双方为保障双方的利益，在交易后签订的对双方均有法律约束力的正式协议。（　）

4. 供需双方签订采购合同既可以采用口头承诺的形式，也可根据实际情况签订书面合同。（　）

5. 只有验收合格的商品才可以办理入库手续。（　）

6. 商品盘点结束后，要将商品的账面数量与盘点数量进行比较。如果差异在合理的范围内，就不需要分析差异原因。（　）

7. 在库管理包括货位规划、分类堆码、品质维护和盘点检查。（　）

8. 摘果法是指针对每一份订单的要求，进行单独拣选的拣货方法。（　）

9. 仓库中经常使用的叉车属于保管设备。（　）

10. 仓储安全管理主要包括仓储作业安全管理、仓库消防安全管理、仓库安全用电管理、仓库治安保卫管理等。（　）

五、简答题

1. 采购管理的目标是什么？采购管理的内容有哪些？

2. 采购的基本流程是什么？

3. 常用的盘点方法有哪些?

4. 简述仓储作业流程。

六、填表题

1. 广州某药店的送货员李进持编号为00130的送货单到京华A仓库送货。仓库保管员进行检查时发现有三箱六味地黄丸外包装破损，其余货品合格。请根据验收结果填写商品入库单并签名。

送货单 NO.00130

商品编号	商品名称	规格	单位	数量	单价	金额（元）	备注
9001	日夜百服咛	50盒/箱	箱	50	1 000元/箱	50 000.00	
9002	六味地黄丸	30盒/箱	箱	60	300元/箱	18 000.00	

主管审批：张力　　送货人：李进　　制单员：陈志军

答题：

入库单 NO.00914

送货单位： 年 月 日 仓库：京华 A 仓库

商品编号	商品名称	规格	单位	申请数量	入库数量	备注

主管审批：张力 经办人：王进 仓库保管员：

2. 珠海某药店的提货员李进持编号为 00128 的提货单到京华 A 仓库提取药品，仓库保管员查询库存，得知六味地黄丸库存 50 箱，日夜百服咛库存 80 箱。请填写商品出库单并签名。

提货单 NO.00128

商品编号	商品名称	规格	单位	数量	单价	金额（元）	备注
9001	日夜百服咛	50 盒 / 箱	箱	70	1 000 元 / 箱	70 000.00	
9002	六味地黄丸	30 盒 / 箱	箱	60	300 元 / 箱	18 000.00	

主管审批：张力 提货人：李进 制单员：陈志军

答题：

出库单 NO.00915

提货单位： 年 月 日 仓库：京华 A 仓库

商品编号	商品名称	规格	单位	申请数量	实发数量	备注

主管审批：张力 经办人：刘远 仓库保管员：

七、案例分析题

某日，成都某百货大楼通过 H 公司的电子商务平台下了 55 台商用空调的紧急订单。该订单迅速被 H 公司的采购部门与生产制造部门同时接收，计算机大屏幕上立即显示出生产制造部门的缺料情况。采购部门随即向压缩机供应商下订单，配送部门见到清单指令后，在4小时内将压缩机和其他缺料送达工位。5天后，订单完成，产品入库。接着，H公司配送部门又用了5天时间，将这批产品送抵成都某百货大楼的指定地点。在本次购销活动中，H公司一共花费10天时间，按照客户要求完成交货。

1. H公司接到订单后制订生产配送计划的时候，考虑客户来自成都，所以选择在武汉生产基地生产空调，这体现了什么原则？

2. 你认为H公司在这次配送作业的过程中有哪些不合理的地方？应如何改进？

第五章 市场营销管理

一、名词解释

1. 市场营销

2. 市场细分

3. 市场定位

4. 市场营销组合

二、填空题

1. 市场营销的目的是________顾客的现实和潜在需求，核心是________。

2. 企业在选择目标市场时，通常有三种策略可供选择，即__________、__________和__________。

3. SWOT 分析的对象包括企业的________、________、________和威胁。

4. 市场营销管理过程包括________、________、________和管理营销活动四部分。

5. 营销渠道的主要功能是帮助企业________和________产品，为顾客创造地点效用、时间效用和持有成本。

三、单项选择题

1．市场营销管理的核心是（　　）。

A．分析市场机会　　B．选择目标市场

C．设计营销组合　　D．满足顾客需求

2．下列不属于市场细分方法的是（　　）。

A．地理细分　　B．人口细分　　C．时间细分　　D．行为细分

3．SWOT 分析中的 W 代表（　　）。

A．优势　　B．劣势　　C．机会　　D．威胁

4．以下属于价格策略的是（　　）。

A．产品差异化策略　　B．折扣价格策略

C．渠道策略　　D．广告策略

5．品牌定位策略不包括（　　）。

A．档次定位　　B．类别定位　　C．比附定位　　D．快速定位

6．影响价格的主要因素不包括（　　）。

A．产品成本　　B．产品的供需状况

C．生产效率　　D．竞争对手的状况

7．某公司了解到某偏远山区的孩子缺少现代化的教学设备，决定将一批最近生产的学习设备捐赠给山区的孩子。从市场营销角度看，该公司在这次活动中采用的促销工具是（　　）。

A．人员推销　　B．广告　　C．公共关系　　D．营业推广

8．某玩具制造厂按照使用者的年龄对市场进行细分，对于 1 ~ 3 岁的幼儿，玩具制造厂提供毛绒玩具等；对于 4 ~ 6 岁的儿童，玩具制造厂提供积木和玩偶等。这种市场细分的方法属于（　　）。

A．地理细分　　B．人口细分　　C．心理细分　　D．价格细分

9．企业在选择目标市场时应考虑的因素不包括（　　）。

A．细分市场的有效性　　B．预期利润

C．生产成本　　D．市场潜力

四、判断题

1．市场营销的核心是交换。（　　）

2．企业在制定价格策略时，不需要考虑竞争对手的情况。（　　）

3．市场细分是选择目标市场的前提。（　　）

4. 营销组合策略的“4P”包括产品、价格、分销渠道和促销。（　　）

5. 推销观念认为消费者通常表现出购买惰性，因此需要积极推销和促销。（　　）

6. 企业进行市场定位时，必须避开强有力的竞争对手。（　　）

7. SWOT 分析中的机会是指企业外部环境中有利的条件。（　　）

8. 公共关系是指企业通过人员推销与顾客建立关系。（　　）

9. 无差异性目标市场营销策略只适用于消费者都有共同需求，且需求差异性小的产品。（　　）

10. 市场营销观念的提出是对传统以企业为中心的营销观念的挑战。（　　）

五、简答题

1. 市场细分有什么作用?

2. 市场定位有什么作用?

六、填表题

在下表填写进行各类市场细分的主要依据。

市场细分类型	主要依据
地理细分	
人口细分	
心理细分	
行为细分	

七、案例分析题

某食品公司推出了一款新型健康饮料，该公司通过市场调查发现，许多消费者对低糖饮料有很高的需求，但价格敏感度较高。因此，公司决定采用低价销售的策略，同时在超市和便利店进行大规模促销。结果，该饮料迅速占领市场，销量大幅增长。

请结合案例，分析该公司在产品导入期采用的营销策略及其效果。

八、实践题

1. 请结合实际情况，设计一份市场调查问卷，针对某款即将上市的智能手机，调查消费者的需求和偏好，要求问卷不少于 5 个问题。

2. 请针对某款新推出的环保包装产品设计一个市场营销活动方案，详细描述应如何进行市场推广。

第六章 人力资源管理

一、名词解释

1. “6W1H”工作分析模式

2. 情景模拟

3. 绩效管理

4. 基本工资

二、填空题

1. 人力资源是指能推动社会、经济发展的，具有__________和__________的人的总和。

2. 人力资源管理的总体目的可以概括为__________。

3. 薪酬是指员工从企业所得到的__________以及各种形式的__________和福利。

4. 常用的职务分析方法包括__________、__________、__________和工作实践法。

5. 职位丰富化是指赋予员工更多的__________、__________和__________。

6. 进行职位分析后，需要制定__________和职位规范。

7. 员工培训的内容主要包括__________培训、__________培训和__________培训。

8．绩效是指企业、团队或个人在职位职责的要求下，实现的工作结果和在此过程中所表现出来的__________。

9．绩效考核是绩效管理的__________，是用于衡量及评价员工__________和__________的制度。

三、单项选择题

1．下列不属于人力资源特点的是（　　）。

A．自有性　　B．时效性　　C．再生性　　D．可预测性

2．人力资源管理的任务不包括（　　）。

A．根据企业长期经营发展的要求，预测人才需求

B．提高招聘与录用工作质量

C．完善薪酬管理体系

D．制定企业的财务战略

3．对他人进行评价时，过多地依赖他人近期的表现而忽略其以往的或一贯表现的现象，称为（　　）效应。

A．晕轮　　B．偏见　　C．首因　　D．近因

4．传统人事管理与人力资源管理的区别不包括（　　）。

A．内容不同　　B．工作性质不同

C．在企业中的地位不同　　D．所使用的技术不同

5．以下不属于人力资源规划内容的是（　　）。

A．职务（岗位）的设置规划　　B．人员的分配与使用规划

C．人员补充与更新规划　　D．财务预算规划

6．人力资源规划的作用不包括（　　）。

A．有利于提高企业的短期利润

B．有利于调动员工的积极性和创造性

C．有利于控制人力资源成本

D．有利于组织的战略发展

7．在人力资源规划程序中，（　　）是技术性较强的工作，直接决定规划的效果和成败。

A．信息收集　　B．人力资源需求与供给预测

C．制订人力资源总体规划和业务计划　　D．人力资源规划的实施与效果评价

8．以下选项中，（　　）不是职位丰富化的方式。

A．实行任务合并　　B．建立客户关系

C．增加工作数量　　D．让员工自行规划和控制工作

9．以下选项中，（　　）不是影响招聘的外部因素。

A．国家的政策、法规　　B．宏观经济环境

C．企业的社会声望　　D．劳动力市场的变化

10．以下选项中，（　　）主要用于测量被评价者实际解决问题的能力。

A．笔试　　B．面试　　C．情景模拟　　D．心理测验

四、判断题

1．人力资源具有自有性，这意味着人力资源可以被企业完全拥有和控制。（　　）

2．人力资源管理的“育”功能是指让员工为满足当前及未来工作所需而不断学习新的知识和技能。（　　）

3．绩效考评只包括对员工工作成果的评价。（　　）

4．薪酬管理只涉及员工的工资发放。（　　）

5．人力资源管理关系到企业战略目标的实现。（　　）

6．人力资源规划只包括年度计划，不包括中长期规划。（　　）

7．人力资源规划有利于控制人力资源成本。（　　）

8．职位分析是人力资源管理其他职能工作的前提和基础。（　　）

9．职务说明书和职务规范的内容完全相同。（　　）

10．职务分析是对现有职务的客观描述，而职务设计是对现有职务的认定、修改或产生新的职务。（　　）

11．内部招聘有助于调动企业内部人员的积极性和上进心，提高士气和绩效。（　　）

12．员工培训的形式和方法应该单一化，以保证培训效果的一致性。（　　）

13．职前培训的目的是使员工对新岗位有一个清晰的了解，使其掌握工作岗位必需的知识和技能。（　　）

14．在员工培训中，理论知识和实践技能是相互独立的，可以只注重其中一个方面的培训。（　　）

15．绩效考核的最终目的是单纯地进行利益分配。（　　）

16．绩效考核体系设计的要素只包括德、能、勤三个方面。（　　）

17．薪酬管理的维持和保障功能只体现在满足员工的基本生活需求和高层次需求上。（　　）

18．销售人员的薪酬管理与其他岗位相同，不需要特殊设计。（　　）

五、简答题

1. 简述人力资源管理的主要任务。

2. 简述职位分析的主要内容。

3. 简述职位丰富化的方式。

4. 简述企业招聘员工与录用的四个主要阶段。

5. 简述实施员工培训的主要步骤。

6. 简述绩效考核的一般流程。

六、案例分析题

1. 下表是某企业人力资源部部长岗位说明书。

某企业人力资源部部长岗位说明书

岗位名称	人力资源部部长	岗位编号	SM-RL-001
直属上级	总裁	所属部门	人力资源部
工资级别	5	直接管理人数	3
岗位目的	确保公司发展所需的人力资源，完善人力资源管理体系		
工作内容： 制订并提交本部门年度工作计划、人员计划； 负责本部门员工的考评、培训、指导并选拔人才； 编制公司人力资源战略规划，审核年度招聘计划并监督落实； 健全公司人力资源管理制度并监督实施； 组织公司各部门的定岗定编工作； 参加对应聘人员的面试并签署部门意见； 指导各控股企业招聘计划的实施； 建立公司内部人才的分类及梯队体系，制订员工职业生涯发展计划； 负责公司紧缺人才的考察和引进工作； 建立员工综合考察体系，对员工的转正、定级、培养、任用和晋升提出建议； 负责公司员工、控股企业经营班子成员和外派人员的年终绩效考评方案设计并组织实施绩效考评； 负责员工工资、公积金和加班费的审批以及年终奖金的发放工作； 审定公司的薪酬和福利保障制度； 审核员工培训计划并监督落实； 完成上级交办的其他工作。 工作职责： 对公司人力资源战略规划的制定与实施负责； 对公司人才储备和梯队建设的成效负责； 对公司薪酬方案的实施成效负责； 对公司绩效考核方案的有效性负责； 对公司年度招聘计划的落实负责。			

续表

与上级的沟通方式：接受总裁书面或口头指导。
同级沟通：与各部门经理及各控股企业经营班子成员的交流和沟通。
给予下级的指导：对本部门员工的业务指导，与公司其他部门员工的交流和沟通。
岗位资格要求： 教育背景：硕士及以上学历，人力资源管理相关专业。 经验：8 年及以上工作经历，3 年及以上中型企业的人力资源管理相关工作经验。
岗位技能要求： 专业知识：掌握人力资源管理、心理学的相关知识，熟悉相关政策、法规，了解人力资源管理发展的趋势。 能力与技能：性格外向，具有优秀的沟通能力、亲和力以及善于发现优秀人才的眼光。

请结合案例，根据职务分析的内容分析该企业人力资源部部长的工作职责、职务关系、任职资格。

2. 林某是一家高科技企业的年轻客户经理，拥有双学位和丰富的客户资源。然而，林某个性较强，常常违反公司各种规章制度。在公司推行新的绩效考核方法时，林某又一次“撞到了枪口上”。

林某所在的公司新推行的考核办法是根据每名员工当月工作的时间和完成度进行考核，考核结果与工资中的岗位工资和绩效工资挂钩，而效益工资和员工创造的相关效益挂钩。该公司具备良好的信息化基础，工时根据员工每日在信息化系统上填写的工作安排和其直接上级对员工工时的核定进行累计，员工的工作完成度也是上级领导对员工当月任务完成情况的客观评价。某月月末，该公司绩效考核专员根据信息化系统提供的数据，发现林某当月的实际完成工时与标准工时差距很大，且工作完成度也偏低。经过计算，林某当月的岗位工资和绩效工资要被扣掉几百元。

拿到工资后，林某非常激动，提出了以下几点质疑：①工作安排未填写不仅是他的错，因为上级朱某没有及时下达任务；②没有完成相关的经济目标，责任也不应该全由他承担，因为这和整个公司的团队实力有关；③和同一岗位的同事相比，林某认为自己的成绩比别人好，而他的工资却比同事低得多，这太不公平。

带着怨气，林某走进了一向以严明著称的公司董事长赵某的办公室……

请评价林某的行为。你认为董事长赵某应该如何与其沟通。

第七章　企业战略管理

一、名词解释

1. 企业战略管理

2. 集中化战略

3. 战略控制

二、填空题

1. 战略的特征包括全局性、长远性、纲领性、______、风险性和______。

2. 职能战略的方向应与______和业务层战略保持一致。

3. 一体化发展战略分为前向一体化战略和______战略两种形式。

4. 收缩型战略主要包括抽资转向型战略、______战略和放弃战略三种基本模式。

5. 麦肯锡矩阵法用______代替了 BCG 矩阵法中的市场增长率，用______代替了相对市场占有率。

6. 当企业面临内部优势与外部威胁并存的情况时，采用______战略可以分散风险，利用已有优势进入新的经营领域。

7. 集中化战略是成本领先战略和差异化战略在______市场范围内的特殊表现形式。

8. 行业处于______期和______期时，企业通常会选择实施成本领先战略以抢占市场。

三、单项选择题

1. 战略管理的核心在于（　　）。

A. 短期利润最大化　　B. 市场份额最大化

C. 企业的长期生存和发展　　D. 成本控制

2. 战略资源中的无形资源不包括（　　）。

A. 品牌　　B. 现金　　C. 人力资源　　D. 企业文化

3. 关注于如何在选定的业务领域开展竞争的战略是（　　）战略。

A. 总体　　B. 经营　　C. 职能　　D. 愿景

4. 下列不属于稳定型战略特征的是（　　）。

A. 保持现有市场占有率和经营规模　　B. 不断开发新产品并开拓新市场

C. 追求稳定的经济效益目标　　D. 每年取得稳定的利润增长率

5. 当企业面临经济不景气、财务状况恶化等问题时，适宜采取（　　）型战略。

A. 稳定　　B. 发展　　C. 收缩　　D. 集中

6. 如果企业的业务处于 SWOT 分析结果的第三象限，即内部劣势和外部威胁都较为显著，企业应选择（　　）战略。

A. 发展型　　B. 防御型　　C. 多元化　　D. 稳定型

7. 更适合中小型企业的战略是（　　）战略。

A. 成本领先　　B. 差异化　　C. 集中化　　D. 多元化

8. 企业选择竞争战略时不需要考虑的制约因素是（　　）。

A. 当地经济发展水平　　B. 企业文化氛围

C. 企业自身资源和发展阶段　　D. 行业生命周期阶段

9. 对于标准化程度高的工业品（如钢材），适宜采用（　　）战略。

A. 差异化　　B. 集中化　　C. 成本领先　　D. 多元化

10. 当某制造行业进入成熟期时，相关企业为保持竞争力，应主要关注如何（　　）。

A. 降低生产成本　　B. 扩大市场份额

C. 实现产品差异化　　D. 开发新技术

四、判断题

1. 战略资源中的有形资源包括现金、设备和原材料等。（　　）

2. 战略的全局性意味着它只关注企业的整体，而不涉及具体的管理行为。（　　）

3. 稳定型战略意味着企业在战略期内不作任何改变。（　　）

4. 放弃战略是收缩型战略中最激进的一种，意味着企业退出某个业务领域。（　　）

5. “瘦狗”业务在 BCG 矩阵中通常意味着低市场占有率和低市场增长率。（　　）

6. 防御型战略通常适用于企业内外部环境中劣势和威胁都较为显著的情况。（　　）

7. 实施差异化战略的企业，其产品价格通常较低。（　　）

8. 成本领先战略和差异化战略是两种完全对立的战略，不能同时实施。（　　）

9. 在经济发展水平较低的地区，企业更适宜实施成本领先战略，因为消费者对价格敏感度高。（　　）

10. 在投入期和成长期，企业应通过实施差异化战略来快速占领市场。（　　）

五、简答题

1. 简述总体战略的分类及其各自的含义。

2. 简述 BCG 矩阵法中的四种业务类型及其特点。

3. 简述成本领先战略的优缺点。

六、案例分析题

A 公司是一家拥有近百年历史的知名家居零售连锁企业，曾凭借广泛的实体店铺网络、丰富的产品线、卓越的客户服务和深厚的品牌底蕴在市场中占据重要地位。然而，随着科技的飞速发展和消费者购物习惯的变化，特别是电子商务的蓬勃兴起，A 公司面临了前所未有的挑战。

电商平台的崛起，不仅吸引了大量年轻消费者，还通过便捷的购物体验、丰富的促销活动、快速的物流配送等优势，不断侵蚀着 A 公司的市场份额。与此同时，行业内其他传统零售商也在纷纷转型，通过线上线下融合、数字化改造等方式来提升竞争力。

为应对这些挑战，A 公司高层管理人员决定进行全面的 SWOT 战略分析，以明确企业现状，并据此选择合适的战略，进行转型。

1. 请使用 SWOT 分析法分析 A 公司的现状。

2. 基于分析结果，提出适合 A 公司的战略类型。